Margot Weinand

Hundert grüne Arme

Gedichte gereimt und ungereimt

Impressum

©Margot Weinand

Herstellung und Verlag: BoD-Book on
Demand, Norderstedt

ISBN: 978-3-7534-4513-7

Inhaltsverzeichnis

Vorwort

Unsere schnell lebende Zeit verlangt nach Pausen. Gedichte helfen inne zu halten und sie mit Phantasie zu füllen. Diese Gedichte sind eine Zusammenfassung erlebter Gedanken und Begegnungen, aus der Vergangenheit und Gegenwart.
Schreibe über unsere Natur auch über Nettigkeiten am Rande. Mein Motto: „Gedichte für alle Momente des Lebens.".
Sie werden beim Lesen mein Motto erkennen. Wünsche Ihnen dabei die Freude, die ich auch beim Schreiben hatte.

Ihre
    Margot Weinand

Die Katze Lady

Lady, so heißt meine Katze
Manches Mal hebt sie ihre Tatze
Ich will spielen, will sie sagen,
ob ich Lust habe, keine Frage

manchmal will sie abends raus
morgens vor der Tür eine Maus
bin ich am Abend mit ihr allein
will sie raus und wieder rein

Legt sich vor dem Haus ins Gras
Steckt ihr Revier genau nach Maß
Katzenfell so glänzend und fein
kann nur meine liebe Lady sein.

Hebt ihr Pfötchen leise und sanft
zeigt mir Vertrauen ohne Angst
liebe dich möchte sie mir sagen
Mir ist das recht keine Frage.

Suche Rettung

Getrieben vom Wind und Gezeiten
Will übers Wasser reisen.
Salz im Wasser und in der Luft
Leuchtet Freiheit betörender Duft

Am Horizont hoch wie ein Turm
Getriebene Wellen vom Sturm
Zwei Arme holen mich von Bord.
Damit ist die Angst dann fort

Sterne

Über uns ein Sternklarer Himmel.
Sehe den Nordstern
Unsere Blicke treffen sich.
Dort bin ich dir ganz nah,
weil es die Sterne bewirken.

Alf mein treuer Freund

Alf mein Freund ist treu
Aufmerksam und scheu
Schmust er immer wieder leise
Mit dem Körper klug und weise.
Den Kopf in meinem Arm
Hält mich damit warm.

Braun sind seine Augen,
möchte ihnen glauben,
mit staunendem Blick,
versucht seinen Trick.
Will bei den Spaziergängen
Niemanden bedrängen

Voll Freude und Schwung
Kommt schnell sein Sprung.
Das war Alf meine Dogge,
bis dass sein Tod uns trennte.

Süßes Leben

Litt lange voller Unbehagen
Wollte schweres leicht ertragen
Süßes Leben, aus mit dem Lied.
Wird immer nur sauer verdient

Adler bauen Nester

Tiefes Wasser auf roten Felsen
bauen sie Nester für ihre Welten.
Keiner diese Naturschönheit stört,
Adlers Flügelschlag man weit hört.
Steig hoch und weit in klarer Luft,
es wäre zu schade,
wenn umsonst die Sonne ruft

Am Meeresstrand

Sonnenstrand, am Meer und Sand.
Baute dem Kind eine Burg

Vergaß aber dabei die Flut.
Alles wurde dann bedeckt.

Bemerkte, welch ein Schreck.
Vergaß darüber dann die Zeit

Am andern Morgen war das Spiel aus
Wir fuhren dann allesamt nach Haus.

Ein Reiher am Weier

Frühe die Sonn am Himmel ein Reiher
konzentriert am Weier sein Auge starr
ins Wasser dicht an dicht

im Schnabel hat er seinen Fisch
den Kopf nach oben ordentlich
geschüttelt einen Flügelschlag
und ward nicht mehr gesehen.

Scheitern

Muss das Leben oft scheitern
Es ist so unser Blick wird erweitert.
Für Liebe, die unser Herz erwärmt
Und für eine kleine Welt schwärmt

Scheitern hinterlässt oft Spuren.
Pläne, die wir nicht mehr buchen
Die uns aber in Erinnerung bleiben
prägen uns für kommende Zeiten.

Mit Gefühl, das Abschied heißt
hofft sie, dass er bei ihr bleibt.
Erwartete von ihm das Wort,
dass er glücklich hier am Ort

Mit Gefühl, das Abschied heißt
hofft sie, dass er bei ihr bleibt.

Erwartet dann von ihm das Wort,
dass er glücklich hier am Ort

Lange Zeiten gingen hin.
Der angesagte Zug fuhr ein,

Flüchtig ein Kuss, ein Händedruck,
Den Brief mit Band als Schmuck.

Der Abschied dann beschlossen war,
las sie im Brief, was einst geschah.

Kastanien

Nachts hört sie den dumpfen Fall
Sechs sieben und ein achtes Mal.
Diese verschenkt sie an die Kinder.
Eine Kastanie nimmt sie mit.
Sie liebt diese glatte Haut
Und die wohltuende Kühle.

Oh wüsste müsste

Oh, wer um alle Rosen wüsste,
die in stillen Gärten stehen.
Oh, wer dann um alle wüsste,
müsste wie im Rausch durchs
Leben gehen.

Ob sich das gleicht

Vögel zwitschern Mücken tanzen
Im hellen Sonnenschein,
tiefgrün feuchte Raben,
sehen ins Fenster dann hinein.

Die Tauben gurren und kosen,
dort auf dem niedrigen Dach
Im Garten jagen dann spielend
Die Buben, den Mädchen nach

Sanfte Träume

Träume sanft, wie Morgenwind
lausche den Blättern im Wind
Grausam, Stürme oft in der Nacht.
Leises Lachen, Sonne sie wacht.

Hin und wieder ist ihr doch bang,
morgens ist es schrecklich lang.

Parkbesuche

Liebe diese Abendstunden,
die Sonne hoch am Himmel steht.
Schaffe nicht im Park die Runden,
weil dann keiner mit mir geht.

Sommerfreude

Wie erfreut mich stets die Sonne
Das starke Grün in Feld und Wald
Alles freut sich voller Wonne
Wenn es von den Bäumen schallt

Ich würde gern die Blumen fragen,
singst du auch ein Lied für mich?
Der Sommer ist vorbei.
Die Menschen ohne Rast und Ruh,

ein wunderbarer Herbst bist du.
Das Glänzen der Natur erscheint.

Suchend erleben

Ein Lächeln im anderen
Eine flüchtige Berührung
Tiefe Begegnung ihrer Augen.
Margeriten hat er ihr

in den Schoß gelegt
er war für sie entflammt.
Der Krampf löste alles,
im Suchen erlebten sie sich.
Wo Furcht sich mit Glanz vereint.

Reifezeugnis

Ich wollte Nähe
Und bekam die Flasche
Ich wollte Eltern
Und bekam Spielzeug
Ich wollte reden
Und bekam ein Buch
Ich wollte lernen
Und bekam Zeugnisse
Ich wollte denken
Und bekam wissen
Ich wollte einen Überblick
Und bekam einen Einblick
Ich wollte frei sein
Und bekam Disziplin
Ich wollte Liebe
Und bekam Moral
Ich wollte einen Beruf
Und bekam einen Job
Ich wollte Glück
Und bekam Geld.

Sommerabend

Entspannt beim Sonnenuntergang,
verbringen sie den Abend lang.
Am Himmel eine Sternenschnuppe,
denke an die Schreibstilgruppe.

Habe auch diesmal einen Wunsch.
Still zu bleiben keine Kunst

Bruchstücke

Große Wunder mich umgeben,
aus den Brüchen meines Lebens.
Ein Mosaik auf großem Feld
Für einen Traum in meiner Welt.

Bedeckter Morgen

Der Acker möchte leuchten weiß,
doch wie ein Muster ausgedacht,
hat der Schnee dann nicht gereicht.
Kalte Erde bricht bahn und zeigt

Feld zwar weiß und winterlich
Unterbrochen dann mit kalter Erde
Spaziergang scheut Winter nicht
der Acker zeigt die Frucht es werde.

Kristalle glitzern an den Bäumen
Ein weißer Teppich hüllt uns ein.
Flocken bringen unsre Träumen.
Bald wird wieder Weihnacht sein.

Bodenfrost

Nebelschwaden am Morgen
Autoscheiben voller Eis
Perlen am Strauch, leise winselt
Der Wind, es ist ihm zu kalt.

Bild des Sommers

Zu dieser Abendstunde.
kühler Wind den Park durchweht.
Sonne schließt jetzt ihre Runden.
Mond nur blass am Himmel steht.
An solchen kühlen Sommertagen
spürt man, er geht dem Ende zu.
Welt will das Herbstkleid Tragen,
bevor es kommt die Wintersruh.

Blick zurück

Wie schwelgten meine Augen,
wie sehr pochte doch mein Herz.
Wenn ich von der Kiesleiterbrücke
Blickte stets dann niederwärts.
Grüß mein Dörflein Bergesrand.
Da stand ich oft, da stand ich lang.
Vom Sonnenstrahl die Sicht
Schenkt mir den freien Blick.

Traute Heimat mich beglücket.
Aufjauchzend frohes Entzücken.

Blühende Luft

Leise weht der Wind tag aus tag ein
Zur Blühenden Luft im Sonnenschein
Zu den vielen Blüten in dem Garten.
Blüten wachsen mit Scheinen warten.
leuchtende Farben mit Sonnenstrahlen
erzeugen oft nur noch blasse Farben

Eine Sicht des Gedichtes

Gedicht hat eine eigene Sicht.,
die kein anderer kennt.
Glück in dem Falle heißt
die eigene Schiene getroffen
Findet man schnell und auch offen
richtige Spur und richtige Sicht.
jedes Gedicht hat Zuversicht

Fremdes Empfinden

Alles ist fremd und ängstigt mich.
Sehe Gitter in dem Blick.
die Freiheit stückeln.

Still höre schwere Schritte
Klappern von Schlüsseln
Ein trockener Mund.

Einen Sonntag mit Ihr

Men Liebes, wunderbar bist Du
Unser Blick der sagst im nu.
Unsre Augen zeigen schick.
Immer Lächeln meint der Blick.

Lang sind her, die vielen Jahre,
erinnern uns an schöne Tage.

Fürchte die Winterzeit

Ich fürchte oft die Winterzeit
Blick aus dem Fenster „es schneit"
Mit weißer Pracht, fein zugedeckt.
Als weißer Mantel eigenen Zweck.

Blumen und Früchte aus Eis.
Passen dazu, winterlich weiß.

Denke an die Kindheit zurück
Schnee verzaubert welches Glück.
Knirschen im Schnee mich führte
eigenes Traumland ich spürte

Einzelgedichte

Heute will ich an dich schreiben,
weil ich muss die Zeit vertreiben,
liegt sie brach nutzt es nichts
dir zu schreiben niemals Pflicht

Es macht Laune, an dich zu denken
Meine Worte Dir zu lenken
Will Dir schreiben wie es mir geht.
Wie es mit meinen Plänen steht.

Siggi

Ich sitze hier und denke dran,
reich mein Leben, nichts zerrann.
Einfach schön, find ich es hier
Mein Geburtstag schenk ich mir

Ich kann tun, was mir gefällt,
wenn auch klein ist meine Welt.

Niemand dreht die Zeit zurück,
Erinnerungen bleibt mein Glück
Wo ist geblieben manches Jahr
Unerreicht und doch so nah.

Fleißige Bienen

Frühjahr und Sommer ihre Zeiten,
Ausflug heißt Freude bereiten.
Frühmorgens sie unterwegs,
Nektar aus Blüten sie bewegt.
Königin bleibt mit allen im Stock,
sie im Sinne der Ordnung hofft.

Sie lebt mit Drohnen zusammen,
aus einem Bienenstock stammen.
Die Königin, sie legt ständig Eier
sich brüten unter dem Schleier
Viel Nektar wird immer gebraucht
Ehe der Honig dann wird verkauft.

Tausend Mal fliegen Bienen aus.
im Stock ist ihre Bleibe zu Haus.
tausend Gramm Nektar nötig sind.
Bienenhonig schmeckt jedem Kind
Fleiß der Bienen ist für uns gesund
der Honig schmeckt in aller Mund.

Gestresst

Katastrophen die Menschen hetzt.
Die Erde ist vom Krieg durchsetzt.
Krieger mögen keine Lieder,
wo man singt, da lass dich nieder.
der Mensch durch gestresst

Geöffnetes Fenster

Abends ein halboffenes Fenster.
leerer Gedanken; wie Gespenster.
Der Wind trieb, das rote Laub.
Fest klatschend, mit Verlaub.

wieder fest gegen die Scheibe.
Vor Schreck bekam ich meine
Gedanken wieder richtig klar.
War dann im Augenblick ganz da.

Frühlingsgedicht

Frühling hat es schnell geschafft,
nach Schnee die Blütenpracht.

mit Eile, sich selbst überzogen,
Corona Klimawechsel einbezogen.

Wetter heute war wirklich schön.
der Wind, fast wie der Föhn

Regen, der uns heut hat getroffen.
Hat der Wind ganz ausgetrocknet.

Die Sonne mit ihren Strahlen
Hat den Rest Regen ausgeblasen.

Friedenssehnsucht

Jeden Abend stand sie am Fenster.
Sie dachte, wo die Sonne nur halb

Zu sehen ist mein Heimatland.
Strahlen wunderschöner Farben,

sie hatte sie die Heimat verlassen,
warum sah sie oft traurig aus?

Jener Schleier über ihre Augen.
Zeugten von Ihrem Heimweh.

Immer wieder das Gleiche,
zu Hause war Krieg die Elemente
verfärbten sich rot Untergehende
Sonne Irgendwann sang Nicolle
„Ein bisschen Frieden"
aus Völklingen

Geld und Glück

Bedeutet Geld Glück,
habe darüber nachgedacht.
Glück heißt, leben der Sonne
entgegen.
Ob dazu viel Geld gehört
lass weise Menschen entscheiden.

Gefühle

Bin dabei es zu versuchen und zu
verstehen,
Es fühlen und Nichts zu verdrehen
zärtliche Gefühle beflügeln Sinne.

Möchte alte Themen abschließen.
Mich stört mein Wille.
die Vergangenheit könnte fliegen,
doch es passt nicht, sie will siegen.

Große Kostbarkeiten

Ein Gefühl das unbeschreiblich ist
Augenblicke die man nie vergisst.

Erlebnisse das Herz berühren
Aus dem Alltag es entführen

Erinnerungen schöner Zeiten.
Es sind die großen Kostbarkeiten

Das Glück auf Händen dann zu tragen
Und immer neue Schritte wagen

In seliger Erfüllung schweben
Das ist das Ziel fürs ganze Leben.

Herbstfarben

Natur schenkt das Erscheinen
Die Früchte in Farben vereinen

Tag mit Dank und Freude blendet
Über Stoppeln schwer zu gehen

Die Kraft in den Halmen bestehen
Wir können Immer nur langsam gehen

Rasen, der vom Tau bedeckt
Mit Sonnenstrahl sich deckt

Wird im Herbst kalt und rau
Der Nebel steigt es fällt das Laub.
Bald des Sommers Lust verging.
Die Sommerfreude war dann hin

In Winzerstuben Wein den Holden
Um den Feierabend zu vergolden.
Der Herbstwind weht dann hin und her
Keine Sonnenblume leuchtet mehr.
Vom Himmel kam ein Sturm daher.

Herbstbild

Ein Herbsttag, wie ich keinen sah,
höre es rascheln fern und nah,
Luft bleibt still, sie atmet kaum
schönste Frucht an jedem Baum.
Stört nicht, die Feier der Natur,
löst sich von Zweigen einfach nur.

Was die Ernte sich selber hält
ist was vom Strahl der Sonne fällt.
aufgenommen vom Sonnenlicht.
Asphalt kocht die Regentropfen
Dampf zurück, geht auf im Nichts

Himmelsbild

Hinter tiefen Regenwolken
Sonnenstrahlen scheinen wollten.
Möchte an ihnen hochklettern
Und hinter die Wolken sehen.

Frühling über Nacht.

Frühling kommt sanft über Nacht
Blüten in ihrer Pracht
Sonne ist es, die es schafft.
Dann das Wetter Freude macht.

Im Garten hell die Osterglocken
Wollen mit bunten Farben locken.
Jeder neue Tag verspricht
zum Frühling auch das Licht

Blüten dann in ihrer Pracht
Frühling kommt sanft über Nacht.

Trauer

Ihre Worte, sie sind leer
Ihre Augen glanzlos
Sie sitzt und weint immer wieder
Sie hat die Nacht mit ihren blauen
Schatten bereits liebgewonnen.

Vorwinterzeit

Eigentlich noch bunter Herbst,
nur man sieht wenig buntes Laub.
Doch über Nacht man sieht es hell,
Kälteeinbruch glitzernd der Baum.

Rechts und links vom Waldesweg
Dann über glitzernde Zweige.
Diese Schönheit längst vergeht
Die Sonne bricht ihr Schweigen.

Traumlogik

Solang ich träume, bin ich nicht tot
So lange ich träume ist alles im Lot
Im Traum bleibt stehen die Zeit
Traum ist sicher morgen vorbei.
Außerdem ist morgen noch weit.

Sturm

Sturm zerfetzt die Wolken Kleider
Sie machen das Beste daraus.
Sie entleeren sich über der Erde
Manches Mal geschieht das
zwischen Blitz und Donner

Trauerweide

Man nahm ihr wieder Zweige weg.
der Blick auf die Straße blieb frei.
Jetzt haben wir zwar mehr Licht,
aber nichts mehr worin unser

Blick sich dann festhalten kann.
Im Sommer keinen Schatten.
Und Keine hundert grüne Arme.
Ein Stamm mit vielen Ringen gab
Ein Zeugnis ihrer Kraft.

Stunden die tragen

Irgendwie hat der Tag es geschafft
Stunde um Stunde wurde gerafft.
Müde und einsam schaut sie hinterher
Ihre Augen wurden feucht und schwer.

Sie wollte mit ihm das Glück spüren.
In Liebe nehmen und zurückgeben.
Wartet einsam kann es kaum fassen
Will sich durch Stunden tragen lassen.

Turteltauben

Aus dem Fenster sehe ich im Baum,
ein Turteltaubenpärchen.

Eng halten sie sich zusammen,
fliegen dann wieder auseinander,

um sich im Baum zu fangen.
Ein Fangspiel das Freude macht.

Mir auch Danke Euch
Ihr Taubenpärchen

Hallo Gerhard

Wenn du dann mal fünfzig bist,
denke nach, was alles wichtig.
Genieße Dein Leben,
denke dabei was ist richtig
schenke Gott Dein Vertrauen

manches war leicht.
Manches war Weit.
Manches musstest du vergessen
Manches wirst du neu vermessen.
Denke So ist Versöhnung,

So muss der wahre Friede sein

Gedanken Gebündelt
zum Jubiläum oder Geburtstag

Liebe Hanna

Denke zurück an die Jahre die hin
Das Ganze gab für dich einen Sinn
Der Beruf der Dir galt war stets gut
Erlebten beides Ebbe und Flut
Fotos uns richtig und riesig erfreuten
Dabei unsere Zeit niemals bereuten

**Gedanken gebündelt zur
Weihnachtfeier und andere Feste.**

Auch in diesem Jahr zum 1. Advent
bei der Weihnachtsfeier, die jeder
kennt.
Weihnachtsvorbereitungen,
wir können es spüren,
findet statt hinter Verschlossenen
Türen.

46

Es geht weiter

Bis zum späten Abend brennt immer
das Licht.
Jeder sich den Kopf dann zerbricht.
Wir haben Wünsche aufgeschrieben,
doch es werden nicht alle erfüllt.
Spannung für uns schier verrückt,
welcher Wunsch steht jetzt zurück
bei uns sieht es in diesen Tagen aus,
alles geheimnisvoll im ganzen Haus.

lauschen und die Ohren recht Spitzen.
Durch Türe zu blinkt nichts durch
Ritzen.
So war es immer schon vor Jahren.
Will es berichten, hab es erfahren.
im Heim wird es ein Erlebnis sein,
denn für uns ist Gemeinschaft wichtig.
Dem anderen vertrauen ist mehr als
richtig.
Auch wenn der Alltag oft rau und hart
Erlebte Gemeinschaft macht uns stark

Ich erlebe mein Alter

Herrliche Luft es ist noch früh
Die Natur erwacht.
Das Zwitschern der Vögel
Unterstreicht ihr Fangenspiel,
hin und wieder gurren der Tauben.

Früher kannte ich solche Stunden
nicht, Pflicht rief mich ins Büro
ordnete Gesprächsnotizen
und wertete sie aus.

Jetzt bin ich reich geworden
Nicht an Gut und Geld, sondern
Reich an froh machenden
Und leidvollen Erfahrungen.

Grenzen kannte ich nicht.
Hab einen Schatz
vielfältiger Erinnerungen.
Lebe Freundschaften und liebevolle
Beziehungen aus.

Bin gereift durch die Liebe
In der Zeit des Abschiednehmens.
Der Augenblick ist mein, ich darf
darüber verfügen meine Freiheit meine
Gegenwart sie ist oft das Ergebnis
meiner Vergangenheit.

Ich wollte ein Leuchtturm sein
In Nacht und Wind
Für jeden Freund für jedes Kind.

Das Fenster ist offen
die schief gewachsene Tanne gefällt
mir nicht, zumal sie mir tagsüber das
Licht nimmt.

Immer noch dringt aus dem Hals der
munteren Vögel angenehmes
Zwitschern
Wer weiß was sie sich mitteilen

Es ist früher Abend ganz langsam die
Dämmerung die Vögel höre sie wieder
Sie zwitschern anders als am Morgen
bei aufgehender Sonne.
Es klingt als seien sie heiser nicht
ausdauernd fröhlich.

Bleibe in meiner Fantasie auch das
Alter hat ihre.
Von den Blumen die heute blühen
Und morgen wieder verwelken.
Von Lilien auf dem Feld die als
Schmuck gelten. Von Ruhe und Stille.

Denke an die kleine Kapelle mitten im
Dorf. Nie war sie verschlossen immer
einladen für den der Stille suchte.
Für den der in seinen Gedanken
verweilte, der die Tränen weinte.

Der die Dunkelheit des Lebens
schmerzhaft erleidet der als Verirrte
endlich heimfindet.
Für den der wieder neu beginnen darf.

Seit ich mich als Gottes Geschöpf
Erkennen durfte,

hat mein Leben
Einen besonderen Wert erhalten.

Ich bin ein Gotteskind,
darf geistliche Früchte leben.
Ich fürchte das Netz meiner
Fragen hält nicht oder doch?

Entwirre meine Gedanken.
Ich liebe den in der Hoffnung
lebt immer und allezeit grenzenlos.

Unser Leben währt 70 und wenn es
hoch kommt sind es 80
Und wenn sie alt werden, sie werden
dennoch blühen.

Bis zum Ende das Tor bleibt offen
„Siehe ich mach alles neu!"

Margot Weinand 20.06,2013

Vita

Margot Weinand

1933 in Essen geboren
1939 Einschulung Volksschule Essen
1947 Erfüllung 8.Volksschulpflicht.
1947 soziales Pflichtjahr
1948 kaufmännische Lehre
1951 Abschluss
Kaufmannsgehilfenbrief
Beginn Berufstätigkeit und
Weiterbildung Handelsschule Steno
und Schreibmaschine.
1958 Selbständigkeit Schreib-
Spielwaren und Schulbedarf
1965 Heirat
1971 Berufsbegleitende Ausbildung
Erzieherin
!973 Berufung in die Jugendhilfe
12 Jahre im Gruppendienst
Nach interner Weiterbildung
1986 Berufung als Heimleiterin
1999 In den Ruhestand

2003 Autorenkreis Neukirchen-Vluyn
2012 Witwe
Meine zwei erwachsenen Kinder
sind verheiratet
wir haben drei Enkelkinder
Seit 2019 lebe ich im Matthias
Jorissenhaus.Neukirchen-Vluyn

Bereits erschienen

Gedichtbände Bood Verlag
Alles hat seine Zeit
Gelebter Glaube
Höre den Frühling
Zeitwert
Unser Sommer
Wünsche mir Zeit
Lebensfreude
Lebensspuren
Lebenstraum
Berge verhüllt
Hundert grüne Arme
Kurzbiographie 2009

Eine Heimleiterin erzählt
Autobiographie 2018
Stöbern im Schatz meiner
Erinnerungen